L'ETTRE

D'UN
NOUVEAU CONVERTI
A SON FRERE

ENCORE PROTESTANT

RESIDENT
EN ANGLETERRE

Au sujet des Miracles de M. de Paris.

M DCC XXXII

AVERTISSEMENT

LA lettre que l'on donne au public n'eſt point une fiction: elle a été réellement écrite, & c'eſt une reponſe à celui auquel elle eſt adreſſée. Un jeune-homme de Province qui demeure à Paris depuis pluſieurs années a eu le bonheur de voir de ſes yeux pluſieurs miracles operés par l'interceſſion du S. Diacre M. de PARIS: il en a été touché; & ne pouvant douter que les miracles ne peuvent ſe faire hors de l'Egliſe, & que c'eſt à l'Egliſe ſeule qu'ils ont été promis, la grace agiſſant en même tems dans ſon cœur, il a été perſuadé qu'il avoit été juſqu'alors dans l'égarement en ſuivant la Religion Proteſtante qui eſt encore celle de ſes parens & de la plus-grande partie de ſa famille; & qu'il n'y avoit pour lui de ſalut qu'en entrant, comme il a fait, dans l'Egliſe Catholique Apoſtolique & Romaine, puiſque c'eſt dans ſa communion que notre nouveau Thaumaturge a vêcu & eſt mort.

Ainſi revenu au bercail, il a penſé à y attirer ceux de ſa propre maiſon: & pour commencer par un frere qu'il a en Angleterre, il a crû devoir uſer pour cet effet d'une ſorte de prudence; & ſans trop déclarer ſon changement à ce frere, il s'eſt contenté d'abord de lui faire le recit des merveilles qu'on voit tous les jours à Paris, depuis près de trois années, eſperant de l'intereſſer par ce début, & de faire naître au moins quelques doutes ſalutaires dans ſon eſprit. Le frere a repondu par une lettre toute de ſa façon, & c'eſt à cette lettre que celle que nous publions ſert de réponſe: elle eſt aſſez intereſſante pour meriter d'être réndue publique.

LETTRE

D'un nouveau Converti à son frere encore Protestant, résident en Angletere,
au sujet des Miracles de M. de Paris.

OUI, MON TRES-CHER FRERE, vous avés rencontré juste, Dieu m'a fait la grace de me faire rentrer dans son Eglise, & je suis ce que vous appellés Romain, peut-être sans trop bien entendre ce que vous dites; c'est-à-dire, je suis Catholique, ce qu'on n'est point sans être attaché d'esprit & de cœur au Siége de Saint Pierre, qui a été depuis S. Pierre même, & qui est encore aujourd'hui à Rome. Mais mon changement n'en a produit aucun mauvais dans mon cœur à votre égard; j'en ai au contraire appris à vous aimer comme on n'aime point hors de l'Eglise, hors de laquelle la charité n'est point, puisqu'elle n'est point hors de l'unité, & sans la foi.

Je ne doute pas, M. C. F. que ce discours ne vous étonne; mais calmés vous, je vous supplie, & ne me condamnés pas sans m'avoir entendu: peut-être serés vous satisfait des motifs de mon changement. Je vous insinuois assés sensiblement dans ma Lettre, que les miracles que j'ai vûs ici de mes propres yeux, m'en avoient fait tomber les écailles; & voici comment vous venés de vous débarasser d'un motif si pressant, & à dire le vrai, si triomphant. Je vais suivre pié-à-pié toutes vos réponses.

1°. D'abord c'est une grande exclamation: »Grand Dieu, me dites-vous, que la »superstition est grande dans vos cantons! Ah, Mon Cher Frere, que je crains que »vous ne soiés de leur communion! Aveugle que vous êtes, de croire que des im-»posteurs de la sorte, puissent faire de si grands miracles. » C'est ainsi, M. C. F. que vous raisonnés.

La superstition est donc bien grande dans nos cantons, c'est-à-dire dans une des premieres & des plus clairvoyantes villes du Royaume. Mais pourquoi *si grande?* Est-ce parcequ'on y appelle miracles ce que tout le monde appelle miracles ; & qu'on les voit se faire tous les jours, & presque sans nombre, surtout depuis deux ans? Ce ne fut jamais là une superstition, mais c'est bon sens & sens commun. Mais c'est moi, dites-vous, moi en particulier qui suis un *aveugle & un superstitieux, de croire que des im-posteurs puissent faire de si grands miracles.* Non M. C. F. je ne crois rien de ce que vous me reproches & de croire, je n'ai jamais pensé à attribuer à des imposteurs, c'est-à-dire à Béelzebub, les œuvres du doigt de Dieu ; je serois non seulement un superstitieux, mais un blasphémateur. Je crois donc que Dieu seul peut les faire, ces *grands miracles*, je les vois, & je ne suis ni superstitieux ni aveugle pour avoir des yeux ; je conclus que c'est donc là le doigt de Dieu, & que le Tombeau auprès duquel Dieu affecte, pour ainsi dire, de le faire sentir, n'est pas le tombeau d'un imposteur. Ce n'est donc pas s'y bien prendre que de commencer comme vous faites, sans vouloir ni examiner ni écouter, par crier à la superstition, à l'aveuglement, à l'imposture : il faut répondre à des faits & montrer qu'ils ne sont pas, en quoi certainement personne ne réussira jamais.

2°. Vous continués sur le même ton : » nous ne sommes plus, dites-vous au » tems de Jesus-Christ « d'où vous voulés qu'on conclue qu'il ne se fait plus de miracles.

Mais qu'entendés-vous, M. C. F. par le tems de *Notre Seigneur J. C.* le bornés vous, comme il semble que vous le faisiés, à la mort du Seigneur ? Si cela est, il ne s'est fait aucun miracle audelà ; & c'est contredire expressément la parole de Dieu dans les Actes des Apôtres & dans leurs Epîtres. Si vous étendés ce tems de Notre Seigneur J. C. audelà de sa mort, marqués en, je vous prie, le terme ; mais bien loin sans doute du tems où nous vivons ; puisque, selon vous, il ne s'y fait plus de miracles.

Mais prenés y garde, il faut dans vos principes le fixer ce terme, uniquement par l'autorité des Ecritures. Faites moi donc voir avec ce seul secours, quand a fini le tems de N. S. J. C. & par conséquent, quand, selon vous, les miracles ont dû cesser absolument pour toujours.

Pour moi j'entends le Seigneur parler ainsi, non avant sa mort, mais après sa resurrection, & lorsqu'il étoit sur le point de monter au ciel : » Et voici les miracles » qui accompagneront ceux qui auront crû : ils chasseront les démons en mon nom : » ils parleront de nouvelles langues : ils prendront les serpens avec la main, & s'ils » boivent quelque breuvage mortel, il ne leur fera point de mal : ils imposeront les » mains sur les malades, & les malades seront guéris. » [*Marc* XVI. 17. 18.]

Je l'entends cet aimable Sauveur faire la même promesse avant sa mort, & avec des circonstances encore plus magnifiques : » En vérité en vérité je vous le dis, celui » qui croit en moi fera les œuvres que *je* fais : (remarqués *que je fais*, & cela sans » exception, & il ajoûte) & en fera encore de plus grandes, parceque je m'en vais » à mon Pere ; & quoique vous demandiés à mon Pere en mon nom, je le ferai. » (*Joan.* XIV. 12. 13.)

Voilà M. C. F. des promesses de miracles, & de miracles plus grands que ceux que le Seigneur a faits en personne & sans le ministere d'aucun homme. Ces miracles accompagneront les Croians : les cantons où ils se feront, seront donc les cantons des Croians ; & il sera bien naturel de conclure que ceux ou ils ne se feront pas, & d'où on s'efforcera de les anéantir, ne seront pas les cantons des Croians. Ces miracles sont promis ; ils seront donc faits : parceque toute parole sortie de la bouche du Seigneur sera accomplie jusqu'à un iota. Ces miracles sont promis indiféremment aux Croians sans limiter les tems : or il y a eû & il y aura des Croians dans tous les tems : ceux qui ne sont point Croians n'ont point de part à cette promesse : pour vous, M. C. F. vous êtes du nombre de ceux qui y renoncent ; puisque comme eux vous ne voulés pas même qu'elle ait été faite. Je tire la conséquence avec douleur : vous vous rangés donc de vous-même avec ceux qui ne croient pas ; & votre propre condannation est écrite dans ce même Evangile que vous vous vantés de suivre : fondé sur ces deux principes ; & que chez vous on ne peut faire de miracles : & que chez vous on croit qu'il ne se fait plus de miracles, même parmi ceux qui croient : donc encore chez vous on ne croit pas, puisqu'on combat la promesse des miracles, & qu'on nie jusqu'à la possibilité. Desabusés-vous M. C. F. Afin que les miracles soient possibles il suffit & que J. C. soit tout-puissant pour en faire par ceux qui croient, & qu'il ait promis d'en faire : or il faudroit être impie pour nier la toute-puissance de J. C. & sa promesse. Il a été un tems où il conversoit avec les hommes, passible & mortel comme eux, & durant lequel il faisoit les œuvres que son pere, comme il dit,

lui

lui avoit donné de faire , c'eft-à-dire fes miracles. C'eft de ce tems qui étoit paffé & qui n'étoit plus qu'il parloit lui-même , quoique réellement préfent , mais dans un nouvel état, lorfqu'il difoit après fa réfurrection : *Vous vvyés ce que je vous ait dit lorfque j'étois encore avec vous.* [*Luc. c. 24. 44.*] Mais il eft après ce premier tems, un autre tems dans lequel le Seigneur a promis de faire d'autres miracles , & de plus grands par la foi des fiens; & c'eft toujours lui qui les fera, & qui les fera comme préfent ; car il a dit : *Affurés-vous que je fuis moi-même toujours avec vous jufqu'à la fin du monde.* [*Mat. c. 28. 24.*] J. C. eft avec fon Eglife , qui eft l'affemblée de fes croïans , jufqu'à la confommation du monde : donc point de tems où il ne puiffe faire des miracles par la foi & en faveur de fes croïans ; or il a promis d'en faire en faveur de fes croïans: donc les miracles ne feront pas fimplement poffibles , mais ils feront & diftingueront parconféquent les croïans des non croïans : or les miracles fe font aujourd'hui dans la communion de l'Eglife qu'on appelle Romaine : (venés & voyés) donc les croïans font dans l'Eglife Romaine , & ils ne font point hors d'elle , car c'eft là la foi de ces croïans pour qui fe font les miracles, leur foi pour ainfi dire capitale , & J. C. l'autorife , ou bien , ce qui feroit un blafphème , il induiroit en erreur.

3°. » Quand il étoit encore fur la terre (c'eft vous mon cher frere , qui con- « tinués) notre divin Redempteur nous avoit bien averti avant fa mort ; car il dit : « il viendra de faux Prophetes qui tàcheront à féduire les Elûs de la foi , en difant le « chrift eft ici , le chrift eft là. Mais notre Sauveur nous dit expreffement de ne les croire « point ; car il ajoùte encore qu'ils feront des miracles *de toute efpéce* pour nous détourner « de la droite voye. » Réfléchiffés , mon cher frere , fur votre propre difcours, je ne fais que le copier. 1°. Vous ne prenés pas garde que vous ajoutés à la parole de Dieu : J. C. dit que les faux Prophetes feront de grands prodiges ; mais il ne dit pas qu'ils feront des miracles *de toute efpéce.* Les Magiciens d'Egipte ne faifoient pas tout ce que faifoient Moïfe & Aaron. S. Paul (*2. Theff. c. 2. 9.*) predit que l'Antechrift doit venir *avec toutes fortes de fignes dé miracles & de prodiges* , mais il ajoùte *trompeurs.* 2°. En parlant de l'avertiffement du Seigneur comme donné avant fa mort , vous laiffés entendre , qu'après fa mort , on ne pourra voir de miracles que parmi de faux Prophetes, ce que je vous ai montré être abfolument contraire à la foi en J. C. 3°. En vous fervant contre les miracles dont je vous parlois dans ma lettre , de cet avertiffement de J. C. vous voulés faire entendre que ces miracles font faits par un faux Prophete mort , & votre paffage eft mal appliqué : car J. C. parle de faux Prophetes vivans. Prouvés fi vous pouvés qu'il fe foit jamais fait , ou qu'il puiffe fe faire des miracles au tombeau d'un Séducteur & d'un ennemi de Dieu. 4°. Vous ne fçauriés faire ufage de cet endroit de l'Evangile fans fupofer que les miracles que je vous ai dit s'opérer ici , font réels , & vous en avés nié jufqu'à la poffibilité , ce qui eft vous contredire vous même : caractere de l'erreur. 5°. J. C. parle de fignes , de prodiges , fi vous voulés , de miracles aux yeux des hommes & de chofes étonnantes , jufqu'à féduire , s'il étoit poffible les Elûs mêmes: mais il ne dit pas que ce feront des miracles réels & non des preftiges , il ne dit point , comme quand il parle de fes croyans , *ils guériront les malades.* Il y a des prodiges affligeans & qui ne font que du mal aux hommes , les méchans peuvent en être les inftrumens : le Demon frappa Job par la permiffion de Dieu. 6°. Les faux Prophetes fe pareront du nom de chrift , ils viendront fous ce nom , mais ils contrediront le chrift qui les prédit , ou en fa perfonne ou en la perfonne de fon Eglife qui eft fon corps ; mais ce ne fera jamais en invoquant le nom du vrai chrift , ni en atteftant la foi de fon Eglife qu'ils feront leurs prodiges ; J. C. ayant déclaré par avance : *Il n'y a point d'homme qui ayant fait un miracle en mon nom , puiffe auffitôt parler mal de moi.* [*Marc. 9. 39.*] Or les miracles qui fe font à Paris fe font par l'interceffion du nom de J. C. & font demandés & obtenus en témoignage de la foi de l'Eglife Romaine , & au tombeau d'un homme qui s'eft fait un point capital & décifif pour le falut de vivre & de mourir dans la communion du Siege de S. Pierre & dans le refpect légitime dù à fon Succeffeur qui eft l'Evêque de Rome , le premier entre tous les Evêques , comme S. Pierre étoit le premier entre les Apôtres fuivant la parole & l'ordre de J. C.

4°. Après tous ces raifonnemens qui comme vous voyés , mon c. f. ne prouvent rien , vous me faites cette queftion & vous dites : » Deplus avés vous jamais entendu « dire à perfonne que fur les tombeaux des Apôtres on ait jamais fait (vous avés voulu «

» dire , il se soit jamais fait) aucun miracle , qui pour certain étoient plus saints hommes
» que n'étoit votre presuposé saint Ecclesiastique. » Je vous réponds , mon c. F. qu'oüi.
J'ai entendu dire à des hommes savans qu'il s'est fait des miracles aux tombeaux de
S. Pierre & de S. Paul , & je lis dans le 4. livre des Rois ch. 13. v. 21. qu'au tombeau d'Elisée , un mort qu'on y jetta pour nécessité y ressuscita à l'instant. Mais quand
les Apôtres ni les Prophetes n'auroient point fait de miracles après leur mort , qu'en
pouriés-vous conclure contre des miracles faits au tombeau de saints d'un rang inferieur ?
il est écrit de Jean Baptiste , quoiqu'il n'y eût point d'homme né de femme plus grand
que lui , *qu'il n'a fait aucun miracle.* [Jean. 10. 41.]

5°.   Vous me pressés en ajoûtant : » Allés plus loin : vous n'avés qu'à vous infor-
» mer avec MM. les Jesuites qui pour certain tout le monde sçait qu'ils passent pour les
» plus habiles du Clergé Romain , & vous verrés ce qu'ils vous diront. »

Je vous demanderois volontiers , mon cher Frere , si c'est en Angleterre où vous
résidés , que tout le monde regarde les Jesuites comme les plus habiles du Clergé Romain ? Vous me renvoiés aux Jesuites : mais voulés-vous venir à eux avec moi ? Nous
laisserons là si vous voulés pour un tems les miracles de M. de Pâris , & nous nous en
rapporterons vous & moi à ses Peres sur l'autorité des miracles en faveur de l'Eglise
dans laquelle j'ai le bonheur d'être rentré. Vous ne me cités ici les Jesuites , que par-
ce que vous avés oüi dire , qu'ils voudroient s'ils pouvoient , anéantir les miracles du
S. Diacre : je sçai qu'ils ont dit que quand un mort ressusciteroit à son tombeau , ils
n'en seroient pas plus touchés ; ce que notre Seigneur disoit des freres du mauvais
Riche. Mais de bonne foi , mon c. F. est-ce au tribunal des Jesuites qu'il convient
de nous citer pour un sujet semblable. J. C. a ses raisons pour faire des miracles au
tombeau de M. de Pâris , & les Jesuites , comme tout le monde sçait , ont les leurs
pour obscurcir la vérité de ces miracles , & faire semblant de n'en être point con-
vaincus

6°.   Ce qui suit dans votre lettre est bien plus grave & bien plus sérieux : » même
» d'où vient , dites-vous , que le Roi de France a fait donner des Arrêts pour la pro-
» hibition de telles faussetés ? car si le Roi avoit été de ce sentiment , pourquoi auroit-il
» fait de si grandes défenses contre les présuposés miracles ? «

Vous voulés dire , mon c. F. que les miracles que je vous ai dit que je vois &
que des milliers d'yeux voient avec les miens , font autant de faussetés , parceque vous
avés pû lire des Arrêts du Conseil du Roy , où ces miracles sont traittés de prétendus
miracles , & ou S. M. s'en évoque l'examen & la connoissance.

Mais 1°. n'avés-vous point lû ce que les Pharisiens disoient au sujet de J. C. même :
*Y a-il un seul des princes ou des pharisiens qui ait crû en lui? Car pour cette populace qui ne sçait
ce que c'est que la loi , ce sont des gens maudits de Dieu.* [Jean 7. 48. 48.] Ce raisonne-
ment me paroit assés ressembler au votre. 2°. Le Roi traitant les miracles de M. de
Pâris , de prétendus miracles , & en reservant l'examen & la connoissance à son Conseil , n'impose point la nécessité de les croire faux , car si cela étoit , il n'y auroit plus
à examiner ; mais de ce que le Conseil évoque à soi l'examen , interdit tout autre
Tribunal , & n'examine point , laissant les miracles se faire ; c'est pour tout ce qui a
de l'intelligence une preuve de l'impossibilité à laquelle on est réduit d'en démontrer la
fausseté. 3°. Les Princes ne sont ni impeccables ni à l'abri de la surprise , vous n'en
doutés pas : que peut-on donc conclure de leurs Arrêts ou de leur conduite , quand
d'ailleurs il est visible qu'on abuse de leur autorité & de leur nom contre les vérités
les plus palpables , qu'on leur dissimule & contre leurs propres intérêts , comme vous
pouvés vous en instruire , si vous voulés , sans sortir du païs où vous êtes? Si vous
lisés les Arrêts du Conseil du Roi , que ne lisés-vous aussi les écrits qui attestent la
vérité des miracles ? En tout mon c. F. il faut de la bonne foi. 4°. Vous voudriés donc
& que le Roi en particulier , & que les Jesuites connussent de la vérité des miracles
de M. De Pâris , mais à cette condition , les croiriés-vous ces miracles? Si vous ré-
pondiés que non : avoüés que votre procédé n'est pas sincere ; que si vous répondés que
vous vous rendriés à un tel témoignage , voici un miracle dans l'aveu duquel tous se
réunissent , le Roi , les Jesuites , les Evêques , les Magistrats , toute l'Eglise de
France ; je parle du miracle opéré sur Me. de la Fosse que j'ai vuë ; le bruit s'en est
répandu jusques chez vous , & on est venu d'Angleterre pour examiner la merveille ,

& s'en affurer par fes propres yeux. Le croirés-vous ce miracle, je vous en envoirai fi vous voulés les preuves autentiques; mais ii vous le croiés, pourrés-vous vous difpenfer de m'imiter & de me fuivre.

7°. Je vous confeillois dans ma lettre de communiquer à quelques uns de vos Miniftres, ce que je vous rapportois touchant les miracles; & vous me répondés que vous, vous en êtes bien gardé, que pour le faire, » il ne faudroit pas avoir du tout du fens « commun, n'avoir pas même jamais lû la parole de Dieu; que fi vous aviés été fi « hébété que de montrer ma lettre à quelque Miniftre, il vous auroit traité d'hipocrite « & moi auffi bien que mes confeillers d'abufeurs, d'idolâtres; que Dieu vous a donné « un peu plus de raifon pour le bien & pour le mal. Vous finiffés en m'exhortant à « lire la Ste. parole de Dieu, en particulier le 7ᵉ. Chap. de l'Evang. de N. S. J. C. fe- « lon S. Matt. le 2. Chap. des révélations ou Apoc. de S. Jean, & vous conclués « ainfi: Ne croiés pas, M. C. F. que de tels prodiges fe puiffent operer fur le tom- « beau d'un homme qui peut-être étoit auffi grand pecheur que nous, ni même quand « ce fus-dit perfonnage feroit encore en vie, tout faint qu'il étoit, dites-vous, car il « eft impoffible à homme vivant de faire des miracles. » Voilà, Mon cher Frere, apparemment le plus fort de votre Réponfe, & franchement (car nous nous connoiffons & nous nous piquons de franchife) je vous dirai avec cette ingenuité qui nous eft naturelle, que malgré toutes vos craintes de paffer pour un hébété ou pour un hypocrite vous n'auriés pas mal fait d'emprunter le fecours de quelqu'un de vos miniftres, au moins pour éviter de contredire auffi ouvertement que vous le faites, la parole de Dieu, quoique fans y prendre garde. 1°. eft-ce donc contredire la parole de Dieu que de fuppofer qu'il fe puiffe faire des miracles, & qu'il s'en foit fait après la mort de J. C. & celle des Apôtres? je vous ai démontrai tout le contraire par l'autorité de cette divine parole: vous prononcés décifivement, » qu'il eft impoffible à un homme » vivant de faire des miracles; » & J. C. après nous avoir affuré que tout eft poffible à celui qui croit, déclare qu'il pourra même tranfporter des montagnes. il promet à ceux qui croiront en lui de faire par eux, quand il lui plaira, les mêmes miracles qu'il a fait & de plus grands encore. Vous me renvoiés au 7ᵉ. chap. de l'Evangile felon S. Matt. & c'eft-là même v. 22. que je lis. » Plufieurs me diront en ce jour- « là, Seigneur! Seigneur! N'avons-nous pas prophétifé en votre nom; n'avons-nous pas « chaffé les Demons en votre nom, & n'avons-nous pas fait plufieurs miracles en votre « nom. » Voilà donc des hommes vivans qui auront fait des miracles, & ce feront de vrays miracles: des Demons chaffés au nom de J. C. & par confequent nullement par Beelzebub le Prince des Demons, ce qui eft impoffible; & les Ouvriers de ces mi- racles ne feront point féducteurs en les faifant, ils n'attefteront point l'erreur, car en ce cas ils parleroient mal de J. C. & nul ne peut faire un miracle en fon nom & par- ler mal en même tems de J. C. Ils feront toutefois en ces jours-là trouvés des Ou- vriers d'iniquité, parcequ'ils n'auront point eû la charité dans le cœur, ou qu'ils ne l'auront pas confervée jufqu'à la fin. » Quand j'aurois toute la foi poffible, dit S. Paul « I. Cor. c. 13. 2. & capable de tranfporter les montagnes, fi je n'avois point la cha- « rité, tout cela ne me ferviroit de rien. »

Les miracles faits par des hommes vivans ne font donc pas une preuve affurée de leur fainteté, ni de leur prédeftination; mais enfin J. C. nous enfeigne qu'il eft pof- fible à des hommes vivans de faire des miracles, puifqu'en voila qui en auront fait. Mais fi des hommes vivans peuvent faire des miracles, pourquoi la chofe fera-t-elle impoffible à des hommes faints après leur mort? Tous vivent aux yeux de Dieu, leurs efprits font dans fa main; ils n'ont plus de commerce avec nous, dirés-vous, nous n'en avons point avec eux. Quoi! ne font-ils plus du corps de J. C. & un même ef- prit qui prie dans tous, ne nous lie-t-il plus avec eux? il n'appartient proprement qu'à Dieu d'opérer les merveilles, les hommes n'y ont de part proprement que par leurs defirs: & ces defirs juftes & faints, c'eft encore l'efprit de Dieu qui les infpire. Nous pouvons donc fans être idolâtres, fans intéreffer la médiation de J. C. invoquer les faints, comme le Centenier alla à lui par fes amis. Les faints peuvent connoitre nos defirs, parceque le même efprit qui nous fait prier, les anime & les remplit; & ils peuvent prier pour nous parcequ'ils font nos freres & les membres d'un même corps avec nous: & Dieu en les exauçant fait les miracles, & voilà comment les faints morts en peuvent faire.

Jugés après cela, mon cher frere, si nous méritons les injures que vous entassés contre nous, » d'hebétés, ou destitués de tout sens commun, d'hypocrites, de superstitieux, d'abuseurs, d'aveugles » dans la science des Ecritures ; enfin d'idolatres. Pour moi je n'ai point d'injures à vous dire, mais je vous fais le souhait de S. Jean à l'Apocalipse duquel vous m'avés aussi renvoyé : *Que la paix & la grace vous soit donnée par celui qui est, qui étoit, & qui sera, & par les sept esprits qui sont devant son Trône & par J. C.* Je n'ai point prétendu, mon cher frere, vous tendre un piege, mais m'insinuer auprès de vous afin de pouvoir vous faire part de la grace que j'ai reçuë : pardonnés-moi, si je vous aime comme moi-même : j'ai trouvé la dragme de l'Evangile dans son vrai champ, & elle peut vous sufire aussi bien qu'à moi. Je vais avec simplicité vous ouvrir mon cœur & vous rendre compte de toutes les réflexions de mon esprit.

J'ai vû des miracles, & j'en vois tous les jours ; je les ai suivis & examinés, & vous savés que Dieu m'a donné quelque facilité pour en juger sainement. Il est inutile & j'ose ajoûter, peu sensé de se roidir contre l'évidence & d'avoir recours à une prétenduë impossibilité de faits, quand les faits parlent : je vous le répéte : venés & voiés, le spectacle dure encore & il vaut bien la peine d'un voyage. Tous les efforts des contradicteurs n'aboutissent qu'à constater ce qu'ils veulent détruire.

Les miracles sont certains, me suis-je donc dit à moi-même : or il n'y a que Dieu qui puisse les opérer, & c'est dans la communion Romaine qu'il en opére & non ailleurs. Donc Dieu est le Dieu de cette communion, & là est son peuple.

Les miracles faits au tombeau du S. Diacre, m'ont rendu attentif à celui qui avoit été opéré quelques années auparavant dans la paroisse de Ste. Marguerite, j'en ai aussi reconnu la vérité. C'est une femme qui l'a demandé à la vuë de plusieurs milliers de spectateurs, dans le cours de la procession la plus solemnelle que nous appellons du S. Sacrement : & elle l'a demandé à J. C. comme réellement present dans l'Eucharistie & J. C. la guérie & il a récompensé sa foi, & il ne récompense point l'impiété ni une croiance idolatre. Voila donc J. C. manifesté par lui-même comme réellement present dans l'Eucharistie : donc la fraction du pain est la participation réelle du corps de J. C. & la coupe qui est bénie est la participation de son sang : donc l'Eglise Romaine composée de cette multitude d'Eglises réunies dans le siege de S. Pierre comme dans le centre de la communion, est véritablement cette multitude de croïans dont parle S. Luc (Act. 2. 42.) *qui perseveroient dans la doctrine des Apôtres, dans la communion de la fraction du pain & dans les prieres.* Donc dans ce Miracle si éclattant J. C. appelle à soi, dans cette même Eglise où il se fait connoitre par ce nouveau prodige, il appelle, dis-je à soi, toutes les nations, Gentils, Juifs, Infidéles, Herétiques, Schismatiques. Qui ne doit s'unir à un peuple qui possede ainsi J. C. au milieu de lui.

Convaincu que je devois rentrer dans le sein de ma mere dont le Baptême m'avoit régénéré, j'ai renoncé au Schisme & à l'Heresie qui m'avoit séduit. Je n'ai pas été long-tems à m'appercevoir des disputes & des querelles domestiques, & que dans son sein cette tendre mere souffre de violens combats de la part même de ses propres enfans : mais il a plû alors à Dieu de me faire souvenir que cela même avoit été prédit. J'ai compris en lisant le 2. Chap. de la 2. aux Thessaloniciens comparé avec le 11. aux Romains, que nous pourrions bien être arrivé au tems de la grande Apostasie prédite par S. Paul. J'ai eû besoin, je l'avouë, de conducteurs pour ne pas prendre le change, & Dieu m'a fait la misericorde d'en trouver de sûrs, tels que vous ne pourriés vous empêcher de leur donner la préférence & dont les divines Ecritures, l'ancienne & perpétuelle doctrine de l'Eglise sont la régle. Avec ce secours j'ai conçû que l'erreur dominante que des ennemis domestiques tendent à établir, c'est l'erreur même des Juifs, & qui a fait leur apostasie. Ils ont cherché une justice que Dieu ne créat point dans eux, & ils ont été ennemis d'une grace qui fait vouloir & faire ce que Dieu commande. J'ai appris que M. de Pâris avoit été toute sa vie l'ennemi déclaré de cette erreur & des autres qu'on y associe ou qui en dépendent, & qu'il les avoit déféré au Tribunal de l'Eglise de concert avec ceux qu'on nomme ici Appellans. De-là j'ai été conduit à la persuasion, que les miracles sont faits pour justifier leur cause & leur doctrine. * Ainsi le miracle fait à Ste. Marguerite & ceux qui se sont faits à S. Médard m'ont non seulement conduit à l'Eglise unique, mais ces derniers m'ont conduit de plus dans cette Eglise à la trace qui s'y est conservée, & s'y conservera toujours

ainsi le miracle &c.

toujours de la saine doctrine qui est la doctrine des Apôtres. J'apprends où est l'Ecole de la vérité dans le monde en voyant les miracles ; & parceque dans cette Ecole même il est prédit qu'il y aura des altercations & des disputes, j'apprends par les miracles de M. de Pàris, qui sont les vrais Disciples de J. C. & de son Eglise.

C'est ainsi, mon cher frere, qu'il a plû à la misericorde divine de me prendre comme par la main & de me donner de me refugier sous ses ailes. Il n'y a qu'une Eglise & hors d'elle point de salut ; vous le confessés avec nous. Or, si vous étiés né dés les momens de sa formation, comment l'auriés-vous reconnue cette Eglise ; comment l'auriés-vous distinguée en particulier de la Synagogue ? Certainement sa marque la plus éclatante, la plus à la portée de tous les esprits, moins sujette à l'illusion étoit celle des miracles faits dans elle & pour elle.

Rendons graces au divin Epoux de cette Eglise ; elle brille aujourd'hui aux yeux de tout l'Univers par l'éclat de merveilles semblables, & elle seule est marquée à ce sceau du Tout-puissant. Que faites-vous donc loin d'elle ?

J'en demeure là pour vous laisser à vos propres réflexions, ou plûtôt pour vous recommander uniquement à la grace. Je sçai qu'il faut plus que des exhortations, & même plus que des miracles pour vous faire venir où je vous desire. Je le demande de tout mon cœur à celui qui peut audelà même de nos pensées. Ne vous éloignés pas de moi ; mon cœur court aprés vous, & n'allés pas vous amuser à examiner si c'est moi qui conduis ma plume, ou si j'emprunte une meilleure main : ce que j'adopte est à moi, & assurément ce n'est point par emprunt que je vous aime, & que je suis avec toute la tendresse d'un frere, &c.

A Paris le 14. Sept. 1732.

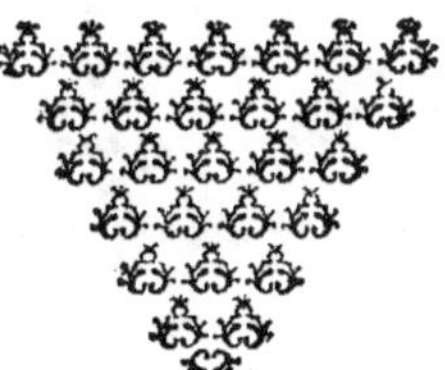

non, Le miracle que mon Dieu a operé à Ste Croix St Margu[erite] sur madame La fosse, n'est pas pour Les appellans, non ... plus que ceux que ce Dieu, fort, puissant & jaloux, a operé sur Le tombeau du St Diacre, ou par les convulsionaires se servant ou de L'eau ou de la terre du tombeau du St Diacre, mais pour annoncer & prouver la grande, divine & sainte œuvre que mon Dieu alloit operer, qu'il a operé, & qu'il opera tous Les jours caché dans la poussiere des convulsionaires. voila pourquoi ce Dieu bon & terrible a fait & fait encore tant de merveilles aujourd'hui parmi nous dans & par les convulsionaires. Les appellans ont abandoné cette grande & sainte œuvre, les uns La donnant au demon,

Les

Les Autres La donnent partie au demon, partie
à l'imagination; car quiconque nie que l'oeuvre
Sainte que mon Dieu opere n'est pas toute divine
en tout & par tout Se retranche de L'oeuvre
de mon Dieu, & ce n'est pas pour eux que
Les miracles Sont fait. Les Appellans, qui —
rejettent L'oeuvre des convulsions, n'y ont donc
point de part, & ce n'est pas pour eux que
mon Dieu les a operés & les opere.